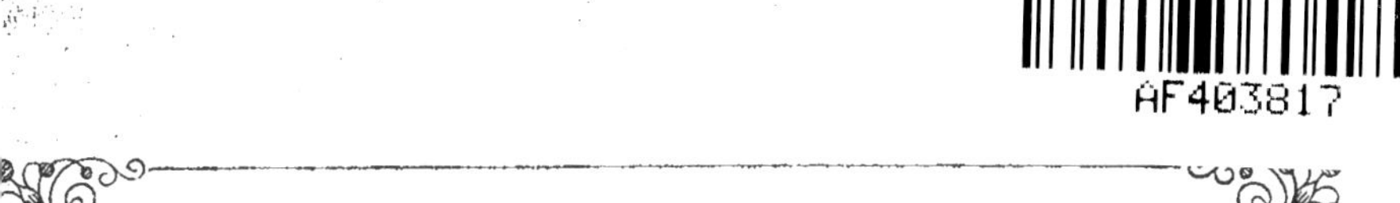

DE L'ADAPTATION

DES

VOITURES RÉGIMENTAIRES

AU TRANSPORT DES MALADES

AU MOYEN DU BRANCARD DE CAMPAGNE

Par M. le Dr GRANJUX

MÉDECIN-MAJOR DE DEUXIÈME CLASSE.

PARIS,

LIBRAIRIE DE LA MÉDECINE, DE LA CHIRURGIE ET DE LA PHARMACIE MILITAIRES

VICTOR ROZIER, ÉDITEUR,

26, RUE SAINT-GUILLAUME, 26,

Près le boulevard St-Germain.

1881

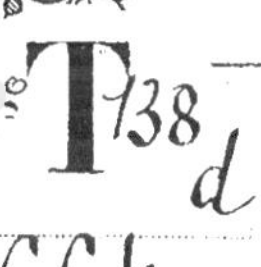

DE L'ADAPTATION

DES VOITURES RÉGIMENTAIRES

AU TRANSPORT DES MALADES

Paris. — Imprimerie L. Baudoin et Cᵉ, rue Christine, 2.

DE L'ADAPTATION

DES

VOITURES RÉGIMENTAIRES

AU TRANSPORT DES MALADES

AU MOYEN DU BRANCARD DE CAMPAGNE

Par M. le Dr GRANJUX

MÉDECIN-MAJOR DE DEUXIÈME CLASSE.

PARIS,

LIBRAIRIE DE LA MÉDECINE, DE LA CHIRURGIE ET DE LA PHARMACIE MILITAIRES

VICTOR ROZIER, ÉDITEUR,

26, RUE SAINT-GUILLAUME, 26,

Près le boulevard St-Germain.

1881

DE L'ADAPTATION

DES VOITURES RÉGIMENTAIRES

AU TRANSPORT DES MALADES

Dans la plupart des garnisons de province, les militaires malades sont portés à l'hôpital par des hommes de corvée sur le brancard que fournit le génie.

Cette façon de faire présente de nombreux inconvénients, que nous n'avons pas la prétention d'avoir découverts le premier, et que nous avons subis en silence comme nos collègues, jusqu'au jour où nous avons trouvé un palliatif. Ces inconvénients, que nous résumerons très brièvement, sont : protection insuffisante contre les intempéries saisonnières ; transport long, agrémenté de secousses ; chutes possibles ; huit hommes et un caporal distraits du service ; pour les porteurs, fatigue sérieuse, et dans le cas de maladies contagieuses, augmentation des chances de contamination, comme nous l'avons observé dans une petite épidémie de rougeole.

Les voitures régimentaires n'étant pas suspendues, n'ont pu jusqu'à ce jour détrôner le brancard ; mais s'il n'est pas au pouvoir du medecin militaire de doter ces voitures de ressorts, il peut y placer sur des traverses élastiques une sorte de lit, et la suspension ainsi obtenue étant très suffisante, on a en réalité une voiture apte au transport des malades ou blessés.

DESCRIPTION DE LA SUSPENSION.

C'est la méthode que nous avons suivie : le lit est le brancard d'ambulance prêté aux corps de troupe pour l'instruction des brancardiers ; les bretelles du brancard servent de supports élastiques.

Les deux bretelles d'un brancard suffisent pour le suspendre ; on les attache à la carcasse métallique, qui supporte la toile goudronnée ; une bretelle est attachée à droite et à gauche à la 2ᵉ tringle. à l'endroit où cette tige sort de la caisse en bois ; l'autre bretelle est attachée de la même façon à la 4ᵉ tringle. Le brancard repose sur les bretelles, qu'il tend par son poids.

Des nombreux essais de ce système faits par plusieurs officiers et nous, il ressort que la suspension obtenue est très satisfaisante, et protège très bien contre les secousses et cahots.

CONSTRUCTION DE LA SUSPENSION.

On a soin de donner un peu moins de longueur à la première bretelle qu'à la deuxième, pour que le malade, qui est placé comme dans les voitures d'ambulance, la tête en avant, ait la tête un peu plus élevée que les pieds. Cette obliquité du brancard aurait pour conséquence de le faire glisser en arrière, si on n'y remédiait en le plaçant de telle façon que les pieds de derrière soient immédiatement en avant de la deuxième bretelle, qui forme ainsi un arrêt.

Les deux extrémités des bretelles ne s'attachent pas de la même façon, ce qui tient à leur dissemblance ; on sait en effet que l'une est terminée par une coulisse fixe, et l'autre par une coulisse que l'on ouvre ou ferme à volonté, grâce à une boucle et à une languette. On fixe à la tringle au moyen d'un nœud simple l'extrémité de la bretelle, qui n'a pas de boucle, et pour rendre cette attache plus solide, on passe, quand le nœud est fait, un bout de bois dans la coulisse, qui de la sorte ne peut plus repasser dans le nœud. L'autre extrémité de la bretelle est enroulée autour de la tige métallique, et fermée au moyen de la boucle, ce qui permet d'allonger ou de raccourcir très facilement le lien suspenseur, suivant le trou de la languette, dans lequel on fait pénétrer l'ardillon de la boucle.

Pour ne pas abîmer les bretelles, on enveloppe avec des linges les parties métalliques du brancard, dont les angles pourraient érailler le tissu.

Si l'on trouve l'oscillation latérale de la suspension trop considérable, on peut la diminuer en laissant la partie postérieure du brancard reposer sur les deux chaînettes de la fourragère entrelacées.

CHARGEMENT DES MALADES.

Les infirmiers et brancardiers seront habitués à construire cette suspension, et à y placer des malades. Le chargement ne s'écarte du reste que sur quelques points de celui de la voiture d'ambulance, et comme lui comprend trois phases.

1° *Phase des préparatifs.* — Le muletier cale les roues, rabat la fourragère, enlève le derrière de la voiture, et va se placer à la tête de son mulet; il ne doit plus quitter cette position jusqu'à la fin du chargement.

Le malade étant amené à proximité de la voiture, tout en le laissant à l'abri, le chef brancardier fait retirer les bretelles du brancard. Les deux brancardiers montent dans la voiture et attachent à gauche (1), l'un à la 2ᵉ, l'autre à la 4ᵉ tige métallique l'extrémité des bretelles, qui porte la coulisse fixe; ils rangent ensuite les bretelles contre cette paroi latérale gauche de la voiture, pour qu'elles ne viennent point entraver la marche dans la voiture. Après cela ils redescendent, et tous les préparatifs étant terminés, ils vont chercher le malade.

2° *Mise en voiture.* — Elle se fait sensiblement comme dans la voiture d'ambulance.

Le chef brancardier fait poser le brancard de telle sorte qu'il soit à un mètre (2) en arrière du véhicule, dans son prolongement, et la tête en avant.

---

(1) Que ce soit à droite ou à gauche, cela a peu d'importance; mais ce qu'il faut, c'est que les bretelles soient attachées du même côté de la voiture de la même manière.

(2) Cette distance nous semble un minimum nécessaire, l'animal pouvant faire reculer la voiture malgré les efforts du conducteur.

ADAPTATION DE LA VOITURE RÉGIMENTAIRE AU TRANSPORT D'UN MALADE.

ADAPTATION DE LA VOITURE RÉGIMENTAIRE AU TRANSPORT DE DEUX MALADES

Les quatre (1) brancardiers se placent alors le long des hampes, un à chaqué extrémité et faisant face au brancard. (Le chef brancardier est toujours à la tête.) Au commandement de *attention* ils se baissent et saisissent les hampes à deux mains; au commandement de *debout* ils se relèvent et soulèvent le brancard. Au commandement de *en avant, marche*, ils font les quelques pas qui les séparent de la voiture, et quand les pieds antérieurs du brancard sont amenés au-dessus du plancher de la voiture, le chef brancardier arrête le mouvement en commandant *halte*, et les pieds antérieurs du brancard sont appuyés sur le plancher.

Les deux brancardiers de tête devenus libres montent dans la voiture par son avant, et viennent prendre les deux hampes libres du brancard, qui est emmené jusqu'au fond de la voiture aux commandements successifs de *attention, enlevez, en avant, marche* et *halte*.

3º *Suspension.* — Au commandement de *attention*, le brancardier nº 1 qui est assis sur la sellette destinée au conducteur, et qui fait face au brancard, saisit les hampes. Le brancardier nº 2 qui est derrière la voiture et contre elle, saisit également le brancard. Les brancardiers nºˢ 3 et 4 font glisser sous le brancard l'extrémité libre de la bretelle de gauche à droite, et se placent le long de la paroi latérale

---

(1) Au quartier, les deux brancardiers de la compagnie trouveront toujours les deux aides dont ils ont besoin soit parmi les autres brancardiers, soit parmi le personnel de l'infirmerie.

droite pour pouvoir boucler. Au commandement de *enlevez*, les brancardiers n°ˢ 1 et 2 soulèvent le brancard et le maintiennent en l'air, tandis que les brancardiers n°ˢ 3 et 4, au commandement de *bouclez*, emprisonnent les tiges 2 et 4 avec les coulisses mobiles qu'ils ferment au moyen des boucles. Le brancard est placé sur les sangles au commandement de *posez* et les brancardiers descendent au commandement de *rompez*.

ARRIVÉE A L'HOPITAL.

Les deux brancardiers de la compagnie, et le caporal d'infirmerie (1), accompagnent le malade à l'hôpital, où ils trouveront, dans l'infirmier de garde, le quatrième brancardier dont ils auront besoin pour décharger le malade.

DÉCHARGEMENT.

Le déchargement est très simple et s'éloigne peu de celui de la voiture d'ambulance. Il y a encore trois phases :

1° *Phase préparatoire.* — Après avoir placé sa voiture, de telle façon que l'arrière regarde la porte par laquelle le malade pénétrera dans les bâtiments, le muletier prend les mêmes dispositions que pour le chargement.

---

(1) Le caporal d'infirmerie devrait toujours accompagner les malades à l'hôpital, car il est plus apte à parer aux événements qui peuvent se produire en route, et à faire exécuter les précautions que le médecin a pu prescrire pour le transport ; de plus, on éviterait ainsi de distraire un caporal du service.

2° *Décrochement du brancard.* — Trois brancardiers montent dans la voiture. Le n° 1 s'assied sur la sellette et fait face au malade. Les n°ˢ 2 et 3 se placent à droite, à hauteur, l'un de la deuxième, l'autre de la quatrième tringle; le n° 4, qui est resté à terre, s'approche de l'arrière de la voiture.

Au commandement de *attention,* les brancardiers 1 et 4 saisissent les hampes du brancard, les n°ˢ 2 et 3, les languettes des bretelles. Au commandement de *enlevez* (1), les brancardiers n°ˢ 1 et 4 soulèvent le brancard; aussitôt le chef brancardier commande *débouclez,* opération que font de suite les brancardiers n°ˢ 2 et 3, et le brancard est posé sur le plancher de la voiture au commandement de *posez.* Après avoir rangé à gauche les bretelles, de peur qu'elles ne gênent la marche dans la voiture, les brancardiers n°ˢ 2 et 3 descendent.

3° *Enlèvement du brancard.* — Au commandement de *attention,* les brancardiers 1 et 4, qui n'ont pas quitté leurs places, saisissent les hampes du brancard. Les brancardiers n°ˢ 3 et 4 se tiennent à l'arrière de la voiture, à droite et à gauche du n° 4. Aux commandements successifs de *enlevez, en avant, marche,* le brancard sort de la voiture, et,

---

(1) Je fais soulever le brancard, avant de commencer à déboucler, dans la crainte que, sans cette précaution, les porteurs ne soient surpris, au moment où l'on déboucle, par l'instantanéité de la charge, et ne laissent échapper le brancard.

quand le brancardier n° 1 arrive à l'extrémité du plancher, les brancardiers n°ˢ 2 et 3 saisissent la hampe, qui se trouve de leur côté, ce qui permet de terminer le mouvement sans interruption.

Le malade est ensuite porté à son lit suivant les principes enseignés aux brancardiers.

OBSERVATIONS.

A la rigueur, la manœuvre pourrait se faire avec trois hommes, mais elle serait plus longue et plus fatigante pour les porteurs, les bretelles étant bouclées ou débouclées successivement et non simultanément.

Nous avons supposé jusqu'alors le cas le plus difficile, le plus compliqué, celui d'un homme incapable de se remuer ; mais fréquemment, le malade, tout en ne pouvant gagner à pied l'hôpital, sera capable seul, ou avec l'aide de ses camarades, de monter dans la voiture où il se couchera sur le brancard suspendu à l'avance. La manœuvre gagne alors en simplicité, en rapidité, et n'exige que le nombre d'hommes nécessaire au montage du brancard, c'est-à-dire deux.

AVANTAGES DE CETTE FAÇON DE FAIRE.

En remplaçant, pour le transport des malades, le brancard du génie par la voiture régimentaire, munie de l'appareil que nous venons de décrire, on réalise les avantages suivants :

1° Transport rendu aussi doux que possible.

2° Trajet plus rapide, plus de haltes.

3° Protection plus efficace contre les intempéries, grâce à la toiture et aux parois de la voiture.

4° Garantie contre les chutes des porteurs et leurs conséquences si graves.

5° Deux hommes distraits du service au lieu de huit.

6° Une corvée toujours pénible et quelquefois dangereuse évitée à huit hommes.

7° Complément de l'instruction des brancardiers, qui ont à manier un vrai malade au lieu d'un mannequin.

8° Habituer dans les compagnies, et dès le temps de paix, à se servir des brancardiers.

9° La voiture régimentaire, qui accompagne les troupes aux marches militaires, celle qui porte le matériel de tir, quand on va à la cible, peuvent emporter un brancard roulé. Si quelque accident survient, en quelques instants l'appareil est monté, et le malade peut être transporté sans douleurs et sans dangers, ce que l'on ne pourrait faire avec une voiture non suspendue.

OBJECTIONS.

On ne saurait objecter sérieusement, à la généralisation de mon système, que les brancards de campagne ont été donnés pour instruire les brancardiers et non pour porter des hommes à l'hôpital, puisque cette transformation de la voiture est un exercice du programme ministériel. La question d'usure du matériel ne saurait être soulevée avec les

précautions que nous avons indiquées pour préserver les bretelles. Et quand même il y aurait quelque détérioration,
serait-ce payer trop cher le soulagement procuré a quelques
pauvres diables?

TRANSPORT DE DEUX MALADES.

La voiture régimentaire peut se prêter au transport simul-
tané de deux malades ou blessés. Quelle que soit la rareté
de ce cas dans la pratique, nous en tracerons le *modus fa-
ciendi*, quand ce ne serait que pour traiter complètement le
sujet.

Les deux malades sont superposés. Le plan supérieur est
formé par un brancard reposant sur ses deux bretelles, qui
sont attachées (par le procédé déjà décrit) à la deuxième et
à la quatrième tringles, en dedans de l'intersection de ces
tringles par les premières traverses de bois. Le plan inférieur est formé par un brancard suspendu, comme s'il
s'agissait du chargement d'un seul malade; mais il faut avoir
soin d'allonger, autant que possible, les bretelles, pour aug-
menter l'espace qui sépare les deux étages.

Le chargement est le précédent répété deux fois. Toutes
les bretelles sont préparées avant l'introduction du premier
malade dans la voiture. On a soin de commencer par l'étage
supérieur. Le seul temps un peu difficile, est le glissement
dans la voiture du deuxième brancard, car le brancardier
n° 1 est obligé, en raison du brancard de l'étage supe-

rieur, de se courber pendant qu'il porte et fait cheminer le deuxième brancard.

Le déchargement est la reproduction en partie double de celui que nous avons précédemment décrit. Il se fait en commençant par l'étage inférieur, et la même gêne se reproduit dans la manœuvre du brancard du bas; mais ce n'est là, en somme, qu'un petit inconvénient.

PARIS. — IMPRIMERIE L. BAUDOIN ET Cᵉ, RUE CHRISTINE, 2.